AF371001

CATALOGUE

DES OBJETS COMPOSANT

LE CABINET D'ARMES

DE M. LE DUC D'ISTRIE,

DONT LA VENTE AURA LIEU

En son Hôtel, rue de Varennes, n. 11,

Par le ministère de Mᵉ BONNEFONS DE LAVIALLE, Commissaire-Priseur à Paris, rue de Choiseul, n. 11,

Assisté de M. JUSTE, Expert-Armurier, rue Saint-Honoré, n. 137,

Les Mercredi 23, Jeudi 24 et Vendredi 25 Janvier 1839, heure de midi.

EXPOSITION PUBLIQUE

Les Dimanche 20, Lundi 21 et Mardi 22 Janvier, de midi à quatre heures.

Le Catalogue se distribue

Chez M. BONNEFONS DE LAVIALLE, commissaire-priseur, rue de Choiseul, n. 11 ;
M. JUSTE, expert-armurier, rue Saint-Honoré, n. 137.

PARIS.

MAULDE ET RENOU, IMPRIMEURS, RUE BAILLEUL, 9-11.

1838

CONDITIONS DE LA VENTE.

Les Adjudicataires paieront cinq centimes par franc en sus des enchères, applicables aux frais.

CATALOGUE

DES OBJETS COMPOSANT

LE CABINET D'ARMES

DE M. LE DUC D'ISTRIE.

𝕬rmures et 𝕱ragmens d'𝕬rmures.

1 — Armure turque : elle se compose d'un casque de forme py-
ramidale, couvert d'inscriptions et de talismans en caractères arabes et garni de mailles, et d'une cotte à
maillons rivés. Ces deux objets sont parfaitement con-
servés. Le casque porte des traces de dorures. La mar-
que de fabrique se reconnaît à côté du nasal, et sur un
bouton en cuivre rouge au côté gauche de la poitrine.
Cette armure est d'une époque fort ancienne, de 1200 à
à 1300 de notre ère. Il existe peu de cottes de mailles
d'une force aussi grande : elle pèse de trente à trente-
quatre livres.

(Cette armure a été cédée à M. le duc d'Istrie, par M. le comte Guil
leminot, ancien ambassadeur à Constantinople : elle lui avait été donnée par
le sereaskier comme ayant appartenu à l'un des premiers sultans.)

2 — Devant et derrière de cuirasse en fer poli, à bandes gra-

vées, en usage dans le régiment des gardes-françaises sous Henri III, Henri IV et Louis XIII.

3 — Armure complète de cuirassier sous Louis XIII et au commencement du règne de Louis XIV. Elle se compose d'un casque à barre de nasal, avec oreillettes et couvre-nuque à écailles, et d'un devant et derrière de cuirasse avec garde-reins articulé. Ces diverses pièces sont bronzées de couleur brune, et garnies des doublures de l'époque. Leur conservation ne laisse rien à désirer.

(Cette armure était à l'ancien arsenal de Strasbourg.)

4 — Cotte de mailles de chevalier à maillons rivés.

(Cette pièce vient du Musée de Vienne.)

5 — Cotte de mailles pareille à la précédente.

(Cette pièce vient du Musée de Vienne.)

6 — Très beau haubergeon à maillons doubles et rivés.

(Cette arme vient du Musée de Dresde.)

7 — Devant de cuirasse en acier poli, à écailles articulées, de l'espèce dite allecret.

8 — Derrière de cuirasse noire à bandes blanches gravées, dans le style allemand de la fin du xve ou du commencement du xvie siècle. Ce fragment est remarquable par sa belle conservation et la pureté des ornemens.

(Cette arme vient du Musée de Vienne.)

9 — Hausse-col en cuivre rouge doré et gravé, du temps de Louis XIII.

10 — Hausse-col en acier bronzé, à fond bleu et à bandes dorées. Il s'ouvre par devant au moyen de deux crochets; deux charnières permettent le mouvement sur les épaules. Cette arme est curieuse; elle parait avoir été en usage parmi les reitres et dragons de 1620 à 1660.

Fragments d'Armures et d'Equipements de Cheval.

11 — Chanfrein garni de sa barde de crinière. Ces deux pièces
sont de la plus grande beauté : les fonds en sont en fer
noirci et relevés par des bandes blanches repoussées et
gravées, délicatement travaillées. Au frontal on remarque un écusson aux armes de Bavière, au centre duquel est
une pointe en acier. L'armure de pied, du même travail,
est au Musée d'artillerie, sous le n°
(Ces fragmens viennent du Musée de Vienne.)

12 — Chanfrein en acier poli, avec bandes et ornemens dorés et
gravés ; au milieu un écusson aux armes de Hesse. Cette
pièce est du xvie siècle.
(Musée de Vienne.)

13 — Bride d'homme d'armes en fer noir, avec ornemens gravés
et dorés ; elle est garnie de son mors à larges bossettes
en cuivre, repoussées et gravées. Cette bride doit avoir
été en usage vers le xvie siècle.
(Musée de Vienne.)

14 — Bride et croupière en émaux sur cuivre. Ces deux objets
sont fort curieux, et d'un travail qui semble maure : le
style en est du plus beau gothique.

15 — Mors en fer doré, avec bossettes en vermeil. Celles-ci et les
branches sont couvertes de petites améthystes, tur-
quoises amarante et grenat. Au centre des rosaces du
dessin gothique qui garnissent les bossettes, on remarque deux camées antiques. Des filets émaillés relèvent
et accompagnent les pierres précieuses. Celles-ci ont été
éprouvées et trouvées bonnes.
(Ce mors vient de l'ancien trésor de la cathédrale de Bourges, dispersé en
1793. Il avait été donné, dit-on, par le roi Louis XI.)

16 — Étriers en fer et cuivre dorés. Ils sont couverts d'ornemens émaillés de diverses couleurs. Leur forme est celle de l'époque, dite de la renaissance, pour les ornemens, et celle qui fut en usage pour les étriers de luxe de 1530 à 1600.

(Ces étriers passent pour avoir appartenu au roi Henri II. Les croissans qui couvrent les branches sembleraient l'indiquer. Ils viennent des anciennes écuries du roi.)

𝕮𝖆𝖗𝖌𝖊𝖘 𝖊𝖙 𝕭𝖔𝖚𝖈𝖑𝖎𝖊𝖗𝖘.

17 — Targe hongroise du xvᵉ siècle. Elle est en bois recouvert en cuir ; une forte nervure repoussée partage en long toute cette arme. Sa forme est celle d'un carré long dont les angles sont arrondis. Elle est dorée avec des ornemens en demi-relief ; au centre est un large écusson armorié : on y reconnaît les armes de Hongrie et l'emblème particulier au roi Mathias Corvin, roi de Hongrie, mort en 1458. Quatre petits écussons sont autour du bouclier ; une légende en grands caractères gothiques est ainsi conçue, et borde la targe : *Alma Dei Mater Maria, Maris Stella protegit Mathias*. Cette espèce de bouclier est rare : il en existe très peu, même en Allemagne.

(Musée de Vienne, et plus tard collection Durand.)

18 — Rondache allemande ou espagnole du xviᵉ siècle. Elle est en acier poli, avec nervures et bandes repoussées et gravées ainsi que l'ombilic. La gravure est remarquable par sa finesse. Cette arme est garnie de la doublure de l'époque.

(Musée de Vienne, et depuis collection Durand.)

Heaumes Bourguignottes, Morions.

19 — Heaume de chevalier de l'espèce dite bascinet, à visière à bec
d'oiseau très allongé, en usage avant les armures complètes
de 1200 à 1360. Il existe très peu de ces heaumes. En
Angleterre, le curieux cabinet de M. le docteur Meyrick en
possède ; on en trouve plusieurs au Musée d'artillerie
de Paris, et celui-ci est peut-être le seul qui soit, en
France, dans une collection particulière. Il est d'une
conservation parfaite. La manière dont il est forgé prouve
une grande habileté de la part de l'ouvrier. On distingue
autour de la base du casque les trous dans lesquels pas-
saient les anneaux du camail en mailles. On retrouve
ce heaume sur beaucoup d'anciens monumens , et le
petit saint Georges du Musée de Dijon en est coiffé.

    (Ce casque a été donné à M. le duc d'Istrie, comme venant du désar-
mement de la Bastille en 1789.)

20 — Heaume de chevalier bourguignon, dit à rondelle, en acier
poli avec ornemens gravés et dorés ; la visière est à pointe.
La mentonnière s'ouvre par devant en deux parties, qui
sont maintenues par une courroie. La rondelle placée au-
dessus du couvre-nuque est gravée et dorée. Cette arme
est intacte et parfaitement conservée ; elle a été en usage
surtout dans les armées allemandes et bourguignonnes
de 1450 à 1530.

    (Cette arme vient de l'ancien arsenal des ducs de Bouillon, à Sedan.)

21 — Salade d'archer ou d'arbalétrier en acier poli, à timbre
repoussé et gravé, anciennement doré. Dans le manuscrit
de Froissard , conservé à la Bibliothèque royale, les

hommes de pied et quelquefois les hommes d'armes portent cette coiffure. On la retrouve aussi dans l'ouvrage allemand sur la vie de l'empereur Maximilien.

(Cette salade était au Musée de Vienne et à Fero.)

22 — Heaume de chevalier à bourrelet, du xvie siècle, en acier poli. Les bandes et les ornemens sont dorés et gravés. La partie antérieure du timbre porte une pièce de renfort. La pesanteur de cette arme, les trous d'attente dont elle est percée pour recevoir des pièces de tournois, tout indique qu'elle a dû servir à ce dernier usage. C'est une arme de la plus grande beauté.

23 — Heaume en fer. Les fonds sont noirs et les bandes blanches avec gravures. Sur la crête, on distingue des armoiries. Sa forme est élégante. Les ornemens indiquent la belle époque du xvie siècle.

24 — Heaume allemand du commencement du xvie siècle, en fer poli.

25 — Heaume en acier bronzé, de la fin du xvie siècle. Les ornemens sont dorés et gravés à grandes fleurs, d'une belle conservation.

(Musée de Vienne.)

26 — Heaume, dit armet, en usage de 1580 à 1600. Il est en acier poli à bandes dorées et gravées. La crête en est très élevée. Le porte-plumet est gravé aux armes des Farnèses.

27 — Heaume, dit bourguignotte en acier bronzé avec bandes et ornemens gravés et dorés. Il est damasquiné en or et en argent. Sur la visière et d'autres parties de cette arme, on remarque des médaillons religieux. Au bas du timbre et au dessus de la visière on voit une figure d'homme en costume du temps de Charles IX.

(Cette arme vient de l'ancien arsenal des ducs de Bouillon, à Sedan.)

28 — Heaume, dit bourguignotte, à visière articulée et rabattant sur la mentonnière. Il est en acier poli à bandes gravées. Cette arme a été en usage de 1560 à 1620.

29 — Bourguignotte à cimier de forme grecque. Elle est en acier bruni avec ornemens repoussés, gravés et dorés. Le gland, la croix de Saint-André, souvent répétés dans les ornemens, semblent lui assigner une origine écossaise ou anglaise. Le porte-plumet est armorié. C'était probablement une arme de carrousel.

30 — Heaume, ou armet du temps de Henri IV et de Louis XIII. Il est bruni, à côtes repoussées et dorées. La visière est fixe, les bavières se joignent au colletin et à la mentonnière. Le tout s'ouvre au moyen d'un crochet et laisse à découvert le nez et les yeux.

31 — Heaume de cavalier du temps de Charles Ier d'Angleterre.

32 — Bourguignotte d'homme d'armes génois, vers 1560.

(Vient du cabinet de M. Laurencel.)

33 — Bourguignotte de reître, en acier bronzé, avec bandes et côtes repoussées et dorées ; couvre-nuque à écailles et oreillettes. Cette arme a été en usage parmi les dragons, jusque vers 1700.

(Vient de l'ancien arsenal de Strasbourg.)

34 — Morion en acier poli repoussé et gravé, à trois crêtes ; sur les deux côtés de la bombe on voit la fleur de lis florentine ; au dessous de la visière est une tête de Méduse. Ce casque était porté par les gardes des Médicis, vers 1560.

35 — Morion de florentin en acier poli. Il est gravé, et les ornemens de la crête offrent des sujets de chasse ; deux grandes fleurs de lis couvrent la bombe.

(Musée de Vienne, depuis collection Durand.)

2

36 — Morion à fleurs de lis repoussées.

37 — Morion italien à bandes gravées. Il est remarquable par l'élévation de sa crête.

38 — Morion aux armes de Saxe, à fond noir et à bandes gravées et dorées ; il est orné de têtes de lions et garni de ses oreillettes.
(Vient du Musée de Dresde.)

39 — Petit morion, ou chapel de fer d'archer ou d'arquebusier, en usage de 1500 à 1600, ainsi que les morions précédens.
(Cette arme provient de la Bastille.)

40 — Morion d'infanterie. Il est représenté dans l'ouvrage de Ghein, imprimé vers 1600.

41 — Pot de mineur, lourd et très ancien.

42 — Pot de mineur, très lourd avec visière percée en forme de croix.

43 — Pot de mineur encore en usage dans l'arme du génie.

44 — Casque de l'infanterie sous Louis XIII.

Masses, Marteaux et Haches d'armes.

45 — Masse d'armes à jour en acier poli avec poignée en peau de chagrin. Cette arme est de la belle époque du XVIe siècle.
(Vient du Musée de Vienne, ensuite de la collection Durand.)

46 — Masse d'armes à jour en fer bronzé et anciennement doré.

47 — Masse d'armes à pomme en fer et à poignée en cuir.
(Musée de Vienne, depuis collection Durand.)

48 — Masse d'armes noire très lourde.
(Musée de Vienne, depuis collection Durand.)

49 — Masse d'armes noire légère et d'une jolie forme.

50 — Marteau d'armes à bec de canne, en acier poli, poignée en velours rouge. Cette arme est fort ancienne.

(Musée de Vienne, depuis collection Durand.)

51 — Marteau d'armes à pistolet et à rouet, de la fin du XVI siècle.

52 — Hache d'armes vénitienne montée en demi-pique : le talon du fer est gravé et doré aux lions de Saint-Marc, le dos est un large marteau dentelé. Cette arme est rare et très ancienne. Dans le manuscrit de Froissard, presque tous les capitaines *portent des demi - piques* semblables à celle-ci.

Armes d'Hast.

53 — Vouge anglaise du XIVe siècle : la hampe est un cep de vigne.

54 — Fauchard à crochets, gravé et anciennement doré, en usage au XVe siècle.

55 — Fauchard à crochets.

56 — Couteau de brèche des gardes de l'archiduc du Tyrol, Ferdinand d'Autriche, vers 1580. Le fer est gravé à ses armes.

(Musée de Vienne.)

57 — Fauchard des gardes du pape Borghèse. Cette arme est d'une rare magnificence. Elle est entièrement damasquinée en or et argent, avec la plus grande finesse. Les armes du pape se voient dans les orneméns. La hampe est en velours rouge.

(Collection Durand.)

58, 59, 60 et 61 — Quatre hallebardes suisses, du XVe siècle.

62 — Pertuisane des gardes du roi François Ier : elle porte sur le fer d'un côté la Salamandre et de l'autre les armes de France, avec le millésime 1526. La hampe est sculptée.

(Elle a été trouvée par M. le duc d'Istrie.)

63 — Pertuisane aux armes du Palatin du Rhin Wolfgang Wilhelm, vers 1620.

(Musée de Vienne.)

64 — Pertuisane aux armes d'un prince ecclésiastique : elle est dorée avec hampe sculptée.

(Musée de Vienne, collection Durand.)

65 — Pertuisane suédoise avec hampe sculptée.

66 — Pertuisane gravée de forme curieuse.

67 — Pertuisane des gardes du roi Louis XIV : le fer est à jour doré et argenté, un Hercule est au milieu.

68 — Pertuisane des gardes suisses du roi Louis XIV : le fer est doré et gravé aux armes de France.

69 — Pertuisane des gardes du roi de Pologne, Auguste de Saxe.

70 — Hallebarde à marteau d'armes.

71 — Hallebarde italienne du xve siècle : d'un côté la Justice et de l'autre le Christ.

72 — Hallebarde pareille à la précédente.

73 — Hallebarde vénitienne avec hampe sculptée.

74 — Hallebarde à longue pointe à jour.

75 — Hallebarde à longue pointe.

76 — Hallebarde à baïonnette à jour, d'un beau travail, de la fin du xvie siècle.

77 — Pertuisane anglaise, du temps de Cromwell.

78 — Demi-pique vénitienne du xvie siècle, à macarons.

79 — Pique aux armes de Bourgogne et de l'Empire avec la date 1558.

80 — Hallebarde, dite porte-mèche, aux armes d'un prince de l'Empire.

81 — Hallebarde du temps de François Ier.

82 — Hallebarde très ancienne d'une forme bizarre.

83 — Pertuisane ordinaire, forme de demi-pique.

84 — Pertuisane commune.

Epées, Sabres, Espadons.

85 — Epée française en usage depuis les premiers temps de la monarchie jusque vers le xve siècle.

(Elle a été trouvée dans une fouille à Melun, dans le lieu dit la Fosse aux Anglais.)

86 — Epée de chevalier en usage du xive au xve siècle. Celle-ci est garnie de son fourreau et parfaitement conservée.

86 bis — Epée à lame forte à trois carrelets, avec garde, en fer bronzé, de 1500.

(Musée de Dresde.).

87 — Epée de chevalier du xve siècle. La garde est garnie en argent et délicatement ciselée.

(Musée de Dresde.)

88 — Epée du commencement du xvie siècle. La lame est à dos à dents de scie : elle porte une inscription en cuivre rouge. La garde est noire et en fer.

(Musée de Dresde.)

89 — Epée espagnole à deux lames et à garde fendue en deux, se rejoignant pour entrer dans le même fourreau : les lames sont de Tolède. La garde et la garniture du fourreau sont damasquinées en argent. Il est difficile de

trouver une arme plus complète et mieux conservée : elle est du milieu du xvie siècle.

(Musée de Vienne, depuis collection Durand.)

90 — Epée italienne à poignée en bois sculpté d'un travail parfait: on y voit Hercule étouffant Antée. La lame est fort belle.

91 — Rapière espagnol du temps de Philippe II, admirablement ciselée sur acier et à jour.

(Collection Laurencel.)

92 — Epée à garde dorée, du temps d'Elisabeth d'Angleterre.

93 — Rapière du temps de Charles Ier d'Angleterre. La garde est à panniers avec des C entrelacés en fer doré.

94 — Épée du xvie siècle, à garde dorée.

(Musée de Vienne et collection Durand.)

95 — Épée du xvie siècle. La garde est ornée de dauphins et de médaillons ciselés ; elle a été dorée. La lame porte une inscription espagnole.

96 — Épée du xvie siècle. La garde est incrustée en argent.

(Vient du Musée de Vienne, ensuite de la collection Durand.)

97 — Épée du xvie siècle, à garde dorée.

98 — Épée de la même époque que la précédente.

99 — Épée à garde couverte, à treillis de fer ; elle est garnie de son fourreau. Elle doit être du commencement du xviie siècle.

(Vient du Musée de Dresde.)

100 — Épée du temps de Louis XIII. La garde est en fer ciselé ; les sujets représentent des combats. La lame est vénitienne, incrustée de trois rangs de perles montées à jour ; le talon de la lame est vermicellé et largement doré. Cette belle arme mérite un examen particulier.

101 — Sabre espagnol du temps de Louis XIV. La garde est damasquinée en argent, et la lame est de Tolède.

102 — Épée vénitienne à garde fermée, damasquinée en or.

103 — Épée écossaise, dite claymore.

104 — Sabre de cavalerie du temps de Louis XIII.

105 — Sabre hongrois du xvie siècle. Il est garni de son fourreau et de ses courroies. La poignée est en fer noir. Il est muni d'un poinçon et d'un couteau. Cette arme est rare et curieuse.

106 — Sabre russe du xive siècle. La lame est damasquinée en or. Elle porte au dos des inscriptions en ancien russe. Les caractères turcs du plat de la lame en sont la répétition : elles ont été traduites par le savant M. Raynaud de l'Institut, et sont ainsi conçues : Sabre de l'écuyer et boyard Michel Godonoff. Le fourreau est en argent monté en vermeil : on reconnaît la place qu'occupaient les pierres précieuses.

> (Cette arme a été donnée à M. le duc d'Istrie. Elle a été trouvée du côté d'Agen dans une ancienne commanderie du Temple et depuis de l'Ordre de Malte. Il est probable que cette arme a été prise par un chevalier de l'Ordre sur quelque turc qui l'aurait eue dans une guerre contre les Russes. Ce sabre était scellé dans un mur.)

107 — Épée à deux mains d'une longueur et d'une force extraordinaire.

> (Musée de Vienne, depuis collection Durand.)

108 — Épée à deux mains d'une bonne conservation.

109 — Épée à deux mains. La lame est armoiriée.

Dagues et Poignards.

110 — Dague du xvie siècle. La garde est en fer doré.
> (Musée de Dresde.)

111 — Dague à garde en fer, damasquinée d'argent.

112 — Dague d'arquebusier, en fer et fourreau pareil : il porte amorçoir et clefs pour les pistolets et fusils à rouet. La lame est un carrelet.

113 — Stylet italien. La poignée est en pierre dure. La lame est dorée avec devises.

114 — Dague espagnole à garde couverte avec lame à carrelet, à à dos dentelé. Cette arme est de 1650 environ.

115 — Dague pareille à la précédente.

116 — Dague mauresque. Le fourreau et la poignée sont en vermeil avec ornemens guillochés et ciselés.

(Cette arme a été cédée à **M.** le duc d'Istrie, par **M.** le comte Guilleminot. Elle a appartenu au sultan.)

117 — Poignard persan. La lame est en damas; le fourreau est monté en argent et couvert de niels du plus admirable travail. La poignée est en ivoire fossile.

Arbalètes.

118 — Grosse arbalète suisse, du xve siècle.

119 — Arbalète à moufle, du xve siècle.

120 — Six carreaux d'arbalète de différentes formes.

Arquebuses, Mousquets, Fusils.

121 — Très ancienne arquebuse à mèche, du xve siècle. Elle est à crosse recourbée, et le bois est incrusté d'ivoire.

(Musée de Vienne.)

122 — Arquebuse à mèche, du xvie siècle, à deux coups dans le même canon. Le serpentin est à coulisses, et la crosse d'une belle forme à grandes volutes.

(Arsenal du prince de Condé, à Chantilly.)

123 — Mousquet des gardes sous Louis XIII. La plaque de crosse porte les armes de France. Il est à rouet.

124 — Carabine à rouet. Le mécanisme est en dehors. Le bois est incrusté d'ivoire et de nacre.

(Musée de Vienne, depuis collection Durand.)

125 — Carabine à rouet. Le mécanisme est intérieur. Le bois est incrusté d'ivoire et de nacre.

126 — Fusil de chasse à pierre de la première époque des armes à silex. Cette arme est d'un forme singulière et d'un travail curieux. La crosse a la forme d'un pied de biche sur lequel s'appuie une cariatide en cuivre doré qui supporte la culasse ; tous les autres ornemens sont ciselés et dorés. Le bois est incrusté d'argent, d'ivoire et de nacre ; le canon est damasquiné en or ; sur la plaque qui surmonte la culasse, on remarque un écusson aux armes de France et de Navarre. Le bois est en acajou ; un bouton au milieu de la plaque de batterie indique que l'arme a été à rouet.

(Cette arme vient de l'arsenal du prince de Condé à Chantilly ; elle passe pour avoir appartenu à Louis XIII.)

127 — Fusil algérien monté en argent et orné de coraux ; le canon est du Lazarino.

(Cette arme provient du désarmement de la Casauba, en 1830.)

128 — Fusil sarde : son bois est recouvert d'incrustations en acier du travail le plus délicat ; les capucines portent un aigle double couronné. Autrefois l'île de Sardaigne faisait un hommage d'une arme semblable à chaque avénement d'un souverain au trône.

129 — Fusil ayant appartenu à Auguste de Saxe, roi de Pologne. Les armes de ce prince sont sur la poignée.

Pistolets.

130 — Pistolet à rouet des gardes du roi Henri III : le bois est recouvert de lames de cuivre repoussé ; sur le pommeau est le chiffre couronné du roi ; sur le canon la date de 1586.

(Musée de Vienne, depuis collection Durand.)

131 — Pistolet semblable au précédent : le pommeau porte une tête de lion.

132 — Pistolet d'un fort calibre, à rouet : le bois est incrusté d'ivoire.

133 — Pistolet pareil au précédent ; il n'en diffère que par les sculptures du bois.

134 — Pistolet à rouet, du temps de Louis XIII : le bois est en bois des iles, incrusté d'argent, d'ivoire et de nacre

135 — Pistolet à rouet, du temps de Louis XIII : le canon et la garniture sont damasquinés, or, argent, et même de cuivre rouge ; la roue du rouet est délicatement gravée, la sous-garde est à jour et à fond bronzé. On croit cette arme italienne.

(Musée de Vienne, depuis collection Durand.)

136 — Belle paire de pistolets à rouet, montés en argent, aux armes de Saxe.

(Musée de Dresde.)

137 — Pistolet fort curieux d'un travail indien : il est très court, garni en acier ; sur toutes les parties de cette belle arme on remarque des divinités indiennes ; la batterie est à silex et de l'espèce dite espagnole.

(Musée de Vienne, depuis collection Durand.)

138 — Pistolet du temps de Louis XV, monté en acier ciselé.

Poires à poudre, Pulvérins, Cartouchières.

139 — Une poire à poudre, d'infanterie, en usage vers 1560 : elle est montée en acier sur fond de velours.

(Musée de Vienne, collection Durand.)

140 — Pulvérin monté en acier sur peau de chagrin.

141 — Poire à poudre en fer doré : elle est ciselée et repoussée ; le milieu supporte un sujet représentant Adam et Ève chassés du paradis ; le reste de cette belle pièce est couvert d'ornemens et de sujets de chasse dans le style allemand du xvie siècle ; elle contient un amorçoir, un magasin à balles, et elle porte une clef pour les rouets. C'est une pièce rare et remarquable.

142 — Poire à poudre en bois incrusté d'ivoire et de nacre : au centre une figure de cavalier.

143 — Poire à poudre noire, montée en fer ciselé et doré.

144 — Pulvérin monté en cuivre sur bois.

145 — Poire à poudre en forme de cornet plat, incrustée en nacre et ivoire.

146 — Poire à poudre aux armes de Saxe : elle est garnie du sac à pierres et à balles, en passementerie, or et noir.
(Musée de Dresde.)

147 — Poire à poudre d'arquebusier, avec sac en passementerie noir.
(Musée de Dresde.)

148 — Poire à poudre en corne sculptée, avec sac à balles en cuir.
(Musée de Dresde.)

149 — Poire à poudre en fer ciselé ; sa forme et son mécanisme sont très curieux : elle contient deux magasins pour les balles, un amorçoir, et elle porte une clef pour les rouets.

150 — Poire à poudre en écaille de tortue, montée en argent.

151 — Poire à poudre en bois sculpté, de forme ronde : le sujet est une chasse au cerf et au sanglier.

152 — Cartouchière du xvie siècle, avec incrustations d'ivoire et ornemens en cuivre dorés et repoussés. Elle est d'une bonne conservation.

153 — Cartouchière de la même époque que la précédente, en fer damasquiné, or et argent ; le couvercle est aux armes de France ; le corps de la cartouchière est couvert en velours brodé en or, aux armes de France.

154 — Amorçoir des mousquetaires de Louis XIV ; il est en fer damasquiné en or et en argent avec la devise. Qvo ivssa iovis.

155 — Poire à poudre algérienne en argent.

156 — Giberne égyptienne en passementerie d'or.

Armes de Chasse.

157 — Épée de chasse montée en corne de daim et garni en fer doré : la garde et la plaque du fourreau sont sculptées et représentent des sujets de chasse et de pêche ; le fourreau est en velours vert, garni en fer doré, et porte couteau et fourchette ; le pommeau, la croisette, les manches du couteau et de la fourchette sont terminés par des têtes sculptées dans le style du XVIe siècle ; la lame est longue, large, à dos et à côte.

(Musée de Vienne, depuis collection Durand.)

158 — Couteau de chasse à pistolet ; il porte, au dessus de la poignée, un tambour mobile à cylindres, contenant six tonnerres pour autant de coups de pistolets : la batterie est espagnole ; le pommeau est formé par une couronne fermée : le tout est finement damasquiné en or.

(Musée de Vienne, depuis collection Durand.)

159 — Sabre de chasse allemand, du XVe siècle, à très forte lame ; la poignée est en fer et à cannelures ; le fourreau, du temps, est en cuir gaufré et garni de petits couteaux et poinçons. Cette arme est rare et curieuse.

(Musée de Dresde.)

160 — Oliphan en ivoire sculpté, du XVe siècle, à tête de sanglier.

(Musée de Dresde.)

161 — Bel épieu de chasse, du XVIe siècle ; il est monté sur cep de vigne ; le fer est gravé.

162 — Trousse de veneur : les pièces en sont gravées et dorées.

163 — Trousse de douze couteaux à manches en ivoire : ils sont contenus dans un carquois d'ivoire ; ils portent, ainsi que celui-ci, des dessins en noir dans le style allemand du XVIᵉ siècle.

Fragmens Divers.

164 — Manchette de lance en fer poli, à bandes gravées et dorées.
(Musée de Strasbourg.)

165 — Paire d'éperons de chevalier, en fer doublé de cuivre.

166 — Eperon doublé en cuivre sur fer, il est très long et les ornemens dont il est couvert sont du plus ancien gothique.

167 — Petit canon se chargeant par la culassse, il est aux armes d'Angleterre et a été trouvé à Calais.

168 — Les objets non catalogués seront vendus sous ce numéro

IMPRIMERIE DE MAULDE ET RENOU, RUE BAILLEUL, 9-11.